Verschollene Sinne

AF192086

Silvia Koch

Verschollene Sinne

Gedichte der etwas anderen Art

Herausgegeben von
Silvia Koch

Alle Rechte liegen bei der Autorin
Silvia Koch

1. Auflage 2003

Umschlaggestaltung – Rolf Koch
Umschlagskonzept – Rolf Koch
Bildgestaltung – Silvia Koch
Gemalte Bilder - Silvia Koch

Silvia Koch
Henstedt-Ulzburg

http://www.Medizinfeuer.de
E-Mail – ShamanW30@aol.com

ISBN : 3 – 8311 – 3966 - 0

Herstellung : Books on Demand GmbH, Norderstedt

Inhalt

Vorwort

*Ich denke ich werde hier nur eine kleine Geschichte
erzählen,
um zu erläutern, warum ich schreibe.*

*Eines Abends saßen mein aller bester Freund
und ich draußen im Garten eines Restaurants.
Es war schon dunkel,
wir konnten den klaren Sternenhimmel
über uns bewundern
und sprachen angeregt über meine Gedankengänge
und Wünsche.
Als plötzlich, eine Sternschnuppe nach der anderen
am Firmament auftauchte und wieder in der
Dunkelheit verschwand,
fragte ich meinen Freund,
´´Was, glaubst du, haben die Sternschnuppen zu
bedeuten?´´
Er sah mir tief in die Augen und sagte,*

*´´Das sind Seelen, die vom Himmel fallen um auf der
Erde, geboren zu werden !´´*

*Es hätte keine schönere Antwort auf meine Frage
geben können.
Ich war so gerührt von diesem Augenblick,
dass mein Herz pochte und ich keinen anderen
Wunsch mehr hatte,
als all das, was ich vom Leben verstanden hatte,
aufzuschreiben um es an die Menschen weiter zu
geben die verstehen wollen.*

Die Sprache des Herzens

Painted by Silvia Koch

Glaubst du mir ?

Meine Liebe zu dir ist nicht nur ein Spiel,
denn, so einen Menschen zu finden,
war immer mein Ziel.
Ich möchte für immer und ewig bei dir sein,
denn, ich bin für immer und ewig nur dein.
Ich denke manchmal, du glaubst mir nicht,
doch einen anderen als dich,
will ich wirklich nicht!
Du wirst für mich der Einzige sein,
und irgendwann wirst du sehen,
dass ich es nicht nur sage
sondern auch so mein !

Hilfe !

In weiter Ferne schwebt ein Licht,
es ruft ganz leise bitte, bitte rette mich.
Mit letzter Mühe, glüht es noch mal hell,
und wenn ich dir nun wichtig bin,
dann, komm doch bitte ganz, ganz schnell.

Länger als die Sterne leuchten !

Weißt du was es heißt,
wenn, dir dein Herz in tausend Stücke reißt?
Es ist so viel Schmerz und Leid,
was kaum ein Mensch begreift.
Was Sonne und Mond verbindet,
das ist etwas, was kein Mensch empfindet.
Der Himmel, an dem die Sterne stehen,
das ist das, was wir in Wahrheit sehen.
Deshalb, wird unsere Liebe
auch weiterhin bestehen,
auch wenn, die Sterne schon lange nicht mehr
am Nachthimmel wehen !

Voller Gedanken !

Ich bin allein durch den Regen gegangen,
und habe in Gedanken jeden Tropfen gefangen.
Habe mir alles aufgezählt,
was mich schon seit langem so quält,
und verglichen, an was es mir wohl fehlt.
Doch, immer kommt nur ein Gedanke,
du bist schließlich der,
in den ich mich verrannte.
Ich kenne dich schon so viel Jahre.
und trotz dem,
hatte ich Angst das ich versage.
Ich würde so gern wissen,
würdest du mich auf die Dauer auch vermissen?
Es ist an der Zeit eine Entscheidung zu treffen,
und nicht ewig unsere Kräfte an uns zu messen.
Wollen wir diesen Weg denn nun
gemeinsam gehen,
oder kannst du meine Gefühle nicht verstehen?
Ich fühle mich so hilflos ohne dich,
bitte, lass mich nie im Stich !

Vor langer, langer Zeit !

Irgendwoher kenne ich dich,
ich weiß es genau denn, ich erinnere mich.
Nur von wann, wie und wo wir uns trafen,
weiß ich nicht.
Es war nicht dein Körper nicht dein Gesicht,
es war als schiene aus dir ein besonderes Licht.
Ich schreibe dir dieses Gedicht,
um dir meine Gefühle zu schildern,
aus meiner persönlichen Sicht.
Für mich bist du gelehrt und weise,
dankbar bin ich dir,
dass, du mich begleitest auf meiner Reise.

Mein Geheimnis !

Ein heimliches Gedicht nur für dich,
von mir ganz allein, vollkommen geheim.
Als ich dich zum ersten mal sah,
war mir von Anfang an klar,
dass, da etwas bestimmtes mit uns war.
Ich hatte das Gefühl,
dich schon ewig zu kennen,
und mein Herz, fing tierisch an zu brennen.
Ich wollte dich in meine Arme schließen,
und meine Seele wollte in deine fließen.
Von Seelenverschmelzung wusste ich nicht viel,
doch ich wusste,
irgendwann wollte ich an mein Ziel.
Ich habe schon oft versucht
in dich hinein zu sehen,
doch leider blieb ich immer
auf halber Strecke stehen.
Vielleicht aus Angst,
der Wahrheit ins Auge zu sehen,
oder könnte ich mit dem Wissen nicht umgehen?
Es gab eine Zeit,
da dachte ich, ich bin zu allem bereit,
denn, ich wandelte auf dem mystischen Zweig.

....

....

Je mehr ich darüber lernte und las,
desto mehr wurde mir klar,
dass ich nichts besonderes besaß.
Ich fühlte mich verloren und allein gelassen,
ich wollte es alles, nur einfach so belassen,
doch wollte ich den Pfad,
des Wissens nicht verlassen.
Ich hoffte du würdest mich
unterweisen und lehren,
denn, ich wollte mich
als guter Schüler bewähren.
Mein Wunsch war es immer,
dass du stolz auf mich bist,
meiner Meinung nach,
baute ich aber immer nur Mist.
Ich hatte nichts erreicht,
was meiner Vorstellung entsprach,
und hatte niemanden,
den ich fragen konnte um Rat.
In den letzten Jahren,
habe ich mich am Boden gewunden,
aber schließlich, habe ich meinen Weg
nun doch noch gefunden.
Du sagtest, ich müsste dir nichts beweisen,
trotz allem, möchte ich dir
Ehre und Dank erweisen.
Egal, von wo der Wind auch her weht,
und was uns auch noch alles vor besteht.
Ich weiß genau, das alles mit wahrer Liebe geht,
und das meine Liebe zu dir
bis in alle Ewigkeit besteht.

Wieder erkannt !

Endlich, hab ich dich wieder getroffen,
denn, du bist buchstäblich
in mein Herz gekrochen.
Ich hoffe du empfindest das Gleiche für mich,
sonst wäre es für mich,
in mein Herz ein wahnsinniger Stich.
Du lässt mich zappeln, lässt mich warten,
deshalb möchte ich dir eines raten.
Quälst du mich,
dann, werd ich ganz, ganz widerlich,
bist du lieb zu mir,
dann, streichele und liebe ich dich,
als wärest du mein Kuscheltier !

Sorgenvoller Schlaf !

Ich kann nicht einschlafen vor lauter Sorgen,
und weinen tue ich die ganze Nacht,
mir graut schon vor dem nächsten Morgen,
und die Stille ist der größte Krach.

So leise wie möglich versuche ich zu atmen,
um nicht den Schlaf des anderen zu stören,
er braucht nicht viel herum zu raten,
denn, er konnte es ja hören.

Er fragte was denn mit mir sei,
ich traute es mir nicht zu sagen,
und antwortete, das ist nur Kinderei.
nun kamen sie, die ganzen Fragen.

Nach langem schluchzen hin und her,
zerbricht mein Herz,
ich kann nicht mehr.
nun, sprudeln all die Worte voller Schmerz.

Ich sagte ihm woran es liegt,
dann, nahm er mich in seinen Arm,
ganz schnell ist nun der Schmerz besiegt,
und mein Herz das wurde warm.

Wege zur Erkenntnis

Painted by Silvia Koch

Den eigenen Geist verstehen !

Ich wünschte in unendlich weiter Ferne zu sein,
um im Weltall einfach laut zu schreien.
Hören wird mich keiner dort,
denn, das ist ein ganz, ganz stiller Ort.
Und ich kann mir sicher sein,
dort bin ich wirklich ganz allein.
Von den Sternen sehe ich den Schein,
und wünschte mit ihnen eins zu sein.
So stark und leuchtend,
doch für die Menschen ist es so unbedeutend.
Es wäre wundervoll dort oben zu Leben,
einfach nur im Raum
der Unendlichkeit zu schweben.
Da gibt es kein Hass und auch kein Zank,
denn, das macht mich auf dieser Erde so krank.
Trotz allem hätte ich Lust zu kämpfen
nur für mich,
gegen alles, was mich ewig im Herzen sticht.
Die Befriedigung, die muss jetzt sein,
denn, auf der Erde ist so wieso
nichts mehr so rein.
Weißt du warum mein Herz so heftig pumpt?
Nur die Befriedigung hält mich in Schwung.
Jetzt weiß ich bescheid,
ich bin mein eigener Feind.
Um im Geiste nun zu reifen,
muss ich erst mich selbst begreifen !

Das Leben ist wie ein Spiel !

Bau dir eine Brücke aus Licht,
und behalte dein Ziel immer in Sicht.
Steige die Stufen unaufhörlich empor,
irgend wann stehst auch du, vor deinem Tor.
Alle Level von deinem Spiel,
durchwanderst du in Richtung Ziel.
Jedes dieser Level hat eine andere Farbe,
und in jedem Level erhältst du eine neue Gabe.
Gelangst du ans Ende einer Strecke,
so findest du dort immer eine Kreuzung,
jede Wette.
Nun wähle den Weg
und geh weiter Stück für Stück,
war es der Richtige dann, hattest du Glück.
Hast du einen Weg mal nicht geschafft,
bekommst du zwar wieder neue Kraft,
doch fängst du immer wieder von vorne an,
erst wenn du es begriffen hast, dann bist du mit
dem nächsten Level dran.

....

....

Ist der Weg auch unendlich schwer,
gebe deinen Lebensmut und Humor nicht her.
Mit Sicherheit hast du viele Fragen,
und keiner kann dir dazu irgend etwas sagen.
Nur verzweifeln darfst du nicht,
bis du endlich, dieses Level brichst.
Es gibt auch Punkte in deinem Level,
wo du Ruhe hast,
dafür findest du Orte,
an denen speicherst du Kraft.
Teile dir deine Kräfte sehr gut ein,
denn, du wirst öfters einsam sein.
Gehen musst du deinen Weg alleine,
doch gehst du mit deinem Herzen,
so findest du auch eine Hilfeleine.
Nimm das Leben mit Humor,
dann, kommst auch du zu deinem Himmelstor.
Hast du deine Aufgaben gelöst,
dann bist du aus dem Spiel erlöst.
Die letzte Stufe hast du nun erreicht,
für das, was du nun erlebst,
gibt es einfach kein Vergleich.

Es gibt immer Zwei Wege !

Der gute Weg ist immer der längere,
der schlechte Weg ist immer der schnellere.
Überlege gut welchen Weg du nimmst,
denke daran,
das deine Zeit sehr schnell verrinnt.
Der, der den guten Weg wählt,
der wird gestraft und getestet,
der, der den schlechten Weg wählt,
der wird bezahlt und gemästet.
Die, die immer alles sofort wollen,
die werden mit einem hohen Preis dafür zollen.
Die, die alles in Ruhe und
mit Überlegung angehen,
die werden auch nur zum Ende der Strecke
die Zielposition sehen.
Über den schlechten Weg,
Kraft zu erlangen ist nicht schwer,
über den guten Weg, dagegen sehr.
In die Versuchung des Schlechten zu kommen,
ist wohl schon jeder von uns,
doch nur wer ihr widersteht, erhält die Gunst.
Menschen die mit Zwang
und Kraft etwas versuchen,
die scheuen auch nicht davor,
das Böse auf zu suchen.

....

....

Menschen die mit Liebe und Zuversicht
durchs Leben gehen,
die werden mit Sicherheit
den besseren Weg wählen.
Der Spruch, "wer den Finger geboten bekommt,
der nimmt die ganze Hand",
der ist ganz sicher, sehr bekannt.
Nur liegt das in der Natur der Menschen,
das sollte man sehr wohl bedenken.
Trotz allem ist es so gegeben,
will man laufen, muss man sich zuvor erheben.
Erst wenn man reif genug,
für den weiteren Weg ist,
unterliegt man keiner bösen List.

Gott ist immer da !

Warum glaubt Ihr eigentlich,
dass Gott euch nicht hört,
nur weil er euch in euren Gedanken nicht stört.
Zu Beten heißt nicht,
sprecht nur in vorgegebenen Versen
oder in einem Gedicht.
Wenn ihr reden wollt mit ihm, dann nehmt keine
andere Haltung an,
denn sonst, hört er nicht euren Klang.
Ihr würdet euch dann nur verstellen,
ihr würdet euch ja auch nicht
zu einem Feind gesellen.
Warum könnt ihr nicht,
so wie sonst auch reden,
denn, so ist es euch doch gegeben.
Keine Formeln dieser Welt,
machen aus irgend jemanden einen Held.
Nur wer mit reinem Herzen spricht,
dem ist es gegeben,
dass er durch die Sphären bricht.
Die Schwingung der Gefühle, der Wille
und die Kraft der wahren Gedanken,
können die Energien lenken
und öffnen dir all deine Schranken.
Kein Zorn und keine üblen Gedanken,
könnten auf der Reise zu ihm überstehen,
trotz allem, kann er dich verstehen.
Die Stimmen, die man manchmal hört im Kopf,
die sind nicht verrückt, sondern einfach Gott.
Gott ist immer in dir drin, immer um dich
herum und immer mit auf deinem Weg,
zu schade dass, das kaum einer hier versteht.

Hilf Dir !

Das wichtigste, auf der Welt, ist gesund zu sein,
mit etwas Mühe,
regelt sich dann alles andere von allein.
Hast du Beine, ich meine,
die mit denen du laufen kannst,
benutze sie, sonst werden sie krank.
Ich will damit nur sagen,
wir haben eigentlich keinerlei Plagen,
und doch, sind wir nicht in der Lage,
die Wahrheit zu ertragen.
Was ist denn mit der Menschheit los,
wir treiben nicht auf einem steuerlosen Floß.
Wir können alles selbst bestimmen,
können wir uns nicht mal
auf Harmonie besinnen?
Der Mensch schreit nach Gerechtigkeit,
selbst, hat er dazu aber keine Zeit.
Welcher Mensch ist noch bereit,
gerecht und selbstlos zu sein,
ist der Wille dazu, denn wirklich nur so klein.
Wenn die Menschheit wüsste,
was nach dem Leben folgt,
dann währe es nichts mehr wert,
all ihr glänzendes Gold.
Doch glauben würden sie es nicht,
bis auch euch,
das Licht nach der Dunkelheit erwischt.
Nur ist es dann zu spät,
sicher tut euch dann leid, was ihr da seht.

Hast Du Angst ?

Ein leises stöhnen des Windes ist zu hören,
das knacken und pfeifen
sind Geräusche die uns stören.
Wenn es bloß nicht schon, so dunkel währ,
dann fiele einem, das allein sein nicht so schwer.
Es gibt Momente im Leben,
da ist man nicht erfreut,
im Gegenteil, man ist sehr stark zerstreut.
Keinen einzigen klaren Gedanken
kann man fassen,
vor Angst, kann man die Augen
einfach nicht mehr ruhen lassen.
Woher kommt nur dieses mächtige Gefühl,
nun wird es auch noch kalt,
doch eben war's noch schwül.
Wieso ist denn ausgerechnet heute keiner hier,
kein Partner und keiner
meiner Freunde ist bei mir.
Schlimme Gedanken rasen durch den Kopf,
was hab ich denn verbrochen, oh mein Gott?
Vielleicht hab ich ja selber Schuld,
oder habe ich einfach keine Geduld?
Ewig werde ich erschreckt,
ich möchte wissen, was dahinter steckt?
Höre ich da mein Gewissen,
oder sehe ich alles zu verbissen?

....

....

Das Ding vom letzten mal, war nicht sehr nett,
doch eigentlich fand ich, es war ganz keck.
Mal etwas Gutes tun, ist sicher angenehm,
dann wird auch mit der Zeit,
das schlechteste Gewissen gehen.
Kein schlechtes Gewissen ist dann da,
das mit der Angst wird auch schon rar.
Und mit der neuen Freundlichkeit,
haben auch die Freunde wieder Zeit.
Schön ist es, einen anderen Weg zu gehen,
um bei Menschen, öfters mal
ein Lächeln zu erspähen.

Kannst Du sehen ?

Ich habe das Leben gesehen,
aus einer neuen Sicht,
es war so schön,
dass es einem das Herz zerbricht.
Ich habe es doch wirklich gesehen,
doch kann ich es kaum selbst verstehen.
Verborgen bleibt die Welt den Menschen
die nicht sehen, doch im inneren
bleibt sie bestehen.
Erforschen tut der Mensch die Welt,
doch wie ist es, mit seinem Selbst?

Nachdenken !

Wenn ich höre wie viele Menschen meinen,
sie würden denken,
und sich das Hirn nur all zu sehr verrenken.
Dann ist das ganz schön übel,
mit so viel nutzlosen Gegrübel.
Um nachzudenken,
müssen wir uns nicht erinnern,
sondern uns, um unsere Gedanken kümmern.
Nachdenken heißt,
nach des Rätsels Lösung suchen,
nicht aber nur,
unsere Erinnerungen zu besuchen.
Versuch das Rätsel zu studieren,
und die Erinnerungen zu ignorieren..
Versuch dir ein Bild der Frage zu erstellen,
das wird dir deinen Weg erhellen.
Betrachte das Rätsel
aus verschiedenen Positionen,
doch versuche den Kopf
dabei zu verschonen.
Viele Gedanken sausen dann durch dein Gehirn,
fange sie auf, in einem großen Schirm.
Du kannst auch andere Leute fragen,
oder Blicke in gewisse Bücher wagen.
Beharrlichkeit ist ein Punkt auf deinem Weg,
dann ist gewiss, das dir auch eine Lösung,
ins Hirn eingeht.

Schaff ich's oder Schaff ich's nicht ?

Eine Frage, die wohl jeden Menschen mal quält,
doch nicht nur, die Pluspunkte sind das,
was immer zählt.
Gerade was man nicht im Leben schafft,
bringt einem dann, immense Kraft.
Gott straft nur die mit Hürden die er liebt,
doch, das verhilft einem im Endeffekt zum Sieg.
Wer Beharrlichkeit übt auf seinem Weg,
dieser, ist ein Mensch
der nach dem Guten strebt.
Wer meint," ich schaff es einfach nicht",
der lässt sich selbst im Stich!
Wenn man kurz vor dem Ziel
seines Vorhabens ist,
dann, sollte man aufpassen, das nichts Neues
das Letztere verwischt.
Hat die neue Idee, die Alte nun weggespült,
dann, sind damit auch die Emotionen abgekühlt.
Schade ... denn, währe man noch
das letzte Stück gegangen,
müsste man nicht wieder,
ganz von vorn anfangen.
Der Mensch, erreicht irgendwann,
einen ganz besonderen Punkt,
nur wenn man ihn verpasst,
dann ist der Gedanke endgültig verstummt.
Wenn man aufgeben will irgendwann,
dann, denke immer daran.
Hat man den Punkt des Aufgebens erreicht,
dann, ist das Ziel auch nicht mehr weit !

Spirale des Lebens !

Gehe ruhig weiter deines Weges,
du bewegst dich sowieso nur,
im Bereich deines unbewussten Geheges.
Es ist nicht schwer nach vorn zu schreiten,
doch, zurück zu gehen
kann großen Schmerz bereiten.
Und doch, muss man erst den Schritt in die
Vergangenheit gehen,
um ein Stück von vorne zu erspähen.
Ist das nicht ziemlich orthodox,
wir wandern ständig hin und her, in einer
scheinbar leeren Box.
Wenn man versteht, dass eine Spirale ein Ende
und doch keines hat,
dann, setzen wir das Hirn damit Schachmatt.
Es ist nicht kompliziert,
der Blick, aus nur einer Sicht
ist einfach zu versiert.
Zu beobachten müssen wir lernen,
um uns nicht gleich wieder, vom bereits
Verstandenen zu entfernen.
Leider ist es oft der Fall,
dass man nur kurz versteht,
danach, ist das Gehirn dann wieder wie verklebt.
Um etwas wirklich zu verstehen,
sollte man es auch erleben,
nur dann, kann das Wissen
einem auch was geben.
Nun ... vielleicht sollte man von vorn beginnen,
um sich mal aufs Neuland zu besinnen.

Schlaf gut, wenn du kannst !

Wieder ist es viel zu spät,
und wieder mal ist es die Zeit, die niemals steht.
Im Grunde ist es ja auch ok,
doch, das Aufstehen tut ja morgens
immer so weh.
Erst wühlt man stundenlang im Bett,
man denkt, hat das Schlafen
überhaupt noch Zweck?
Wie komm ich bloß zum sanften träumen,
vorerst, müsste man den Kopf
voller Gedanken räumen.
Vielleicht sollte man das Lesen ausprobieren,
aber nicht schon gleich zum Ende schieren.
Was hält man denn von Bauchaufzügen,
ich denke nichts, sonst würde man wohl lügen!
Den Geist trainieren wäre nett,
das geht auch ohne Anstrengungen im Bett.
Die Liebe, Wärme und Behaglichkeit,
machen sich dann schnell im Körper breit.
Nun stell dir vor, du könntest fliegen
und über alles Böse fortan siegen.
Die Füße sollten über dem Boden schweben,
um bald darauf dann abzuheben.
Zu fliegen ist nicht immer leicht,
zuvor vergeht ne menge Zeit.

....

....

Und hat man es dann bald geschafft,
dann spürt man, wie das Herz sanft lacht.
Endlich kommen wir nun zum genießen,
und fühlen wie die Energien fließen.
Jetzt mach im Geiste auch die Augen auf,
das ist das, was du jetzt brauchst.
Sieh dir alles, sehr aufmerksam an,
und sieh nun, was man im Traum
so alles machen kann.

Etwas zum Nachdenken !

Weise sein ist sicher schön,
doch auch nur, wenn man gelernt hat
damit um zu gehen.
Es gibt Menschen, die würden gerne
in die Zukunft sehen,
nur würde sie, wohl kaum
ein Mensch verstehen.
Dinge gibt es auf der Welt,
die sind sehr schwer zu begreifen,
ganz sicher, würden viele vor lauter Angst
die Flucht ergreifen.
Beweise wollen sie meistens sehn,
nur, können sie ja nicht einmal,
zum eigenen Wort stehen.
Geschweige denn, außer Geld und Macht
noch etwas anderes nehmen.
Geheime Rituale ziehen sie magisch an,
doch zeigen, wird ihnen keiner,
dass er wirklich etwas kann.
Auf sich Selbst sind sie gestellt,
auch wenn ihr Leben, irgendwie zerfällt.
Wie sieht es aus mit ihrem Mute,
kommt er denn auch anderen zu Gute?
Keiner kann es gebrauchen ,
ewig mit der Masse mit zu laufen.
"Geht doch einfach in die andere Richtung,
dann, kommt ihr auch vorbei,
an einer großen Lichtung."
Menschen die wirklich suchen,
die werden auch finden,
alle anderen werden sich
in ewigen Fragen winden.

Suche nach Deinem Weg !

Erst musst du in die Tiefe des Abgrundes gehen,
dann, wirst auch du das Leben anders sehn.
Vor allem wirst du leiden,
verlieren wirst du, was du liebst.
Der Schmerz ist die Erfahrung
aus der du lernen wirst.
Wichtig ist die Akzeptanz und nicht,
das du zu viel verlangst.
Diese Reise wird erst enden,
wenn, du lernst deine Erfahrungen
zu verwenden.

Warum Gott ?

Immer war genügend Geld vorhanden,
mit der Familie haben wir uns
auch sehr gut verstanden.
Alles war in Ordnung, alles war im Lot,
und nun büßt der eigene Partner mit Wasser
und ein Stück Brot.
Ohne Grund und ohne Selbstverschulden,
müssen wir nun all den Kram erdulden.
Alles ist kaputt gegangen,
nun muss man auch noch
um den Kleinkram bangen.
Warum hat Gott das zugelassen,
warum hat er uns denn nur verlassen?

Warum Gott ?
Was hat Gott damit zu tun,
das Menschen so merkwürdige Sachen tun?
Was kann er dafür,
dass manche Menschen
nicht bezahlen die Gebühr?
Was soll er eurer Meinung nach denn machen,
wenn ein Fahrer lässt sein Auto,
in ein andres krachen.
Soll er etwa jeden Mensch bewachen?
Wo ist denn da die Selbständigkeit,
zu was, ist der Mensch denn noch bereit?
Wenn der Künstler am Trapez springt ohne Netz,
dann, hat er sich dieses Ziel doch selbst gesetzt.
Ist der Künstler dann gestürzt,
und krümmt sich dann vor Schmerz,
wieso heißt es dann, Gott hätte kein Herz?

Was bist Du ?

Gefangen in einer Hülle und doch frei,
oder scheint es nur, als dass es so sei?
Kraft und Energie sind vorhanden wie nie,
doch freisetzen, kann kaum einer sie.
Die Menschen sind so schwach
und zerbrechlich,
doch glauben sie, sie währen unendlich mächtig.
Der Irrglaube der hier ruht,
der bringt vielen nur den bitteren Tod.
Wenn es ihm schlecht geht, dann bettelt er
vor Schmerz zu Gott,
ist der Schmerz dann bald vorbei,
dann ist Gott nur einerlei.
Und kommt der Tag des jüngsten Gerichts,
dann, steht man vor einem Hoheitswesen
von Angesicht zu Angesicht.
Was ist nun schlimmer,
die Angst vor den vorhandenen Missetaten,
oder die Angst auf die Unendlichkeit zu warten.
Die Angst rührt vom schlechten Gewissen,
doch, woher will der Mensch das Wissen.
Wer oder was sind wir eigentlich,
das nicht zu wissen, ist doch schon peinlich.

Wenn Du nur willst !

Talente stecken in jedem von uns,
nur macht nicht jeder daraus eine Kunst.
Zuerst einmal achte darauf
was dir Freude macht,
wenn dir dann noch etwas leicht fällt,
dann gebe acht.
Manch ein Mensch wird Star über Nacht.
Fang an, an deinen Ideen zu bauen,
nur musst du dir, dabei auch selbst vertrauen.
Bist du mal besonders gut drauf,
dann, schreibe deine Ideen ganz schnell auf.
Weil ein Mensch ja schnell vergisst,
und die Hälfte noch vermisst.
Manchmal dauert etwas ewig lang,
doch bleibe stets am Vorhaben dran.
Genügend Leute haben was geschafft,
auch du besitzt die Kraft.
Benutz den Kopf zum denken,
denn, du sollst doch dein Leben lenken.
Wer etwas will der schafft es auch,
nur mach vom Willen auch Gebrauch.
Die Gedanken sie sind frei,
und wenn du sie nicht hegst und pflegst,
dann fliegen sie vorbei.
Dann kommt ein anderer und hält sie fest,
der baut darauf ganz flink sein Nest.
Er ist dann ein gemachter Mann,
weil, das ja kein anderer kann.
Wenn ein Bekannter feiert nun dein Fest,
dann, gibt dir das gewiss den Rest.
Und dann geht das Gejammer los,
hätte ich doch bloß.

Wo liegt der Sinn ?

Irgendwann steht der Mensch an einem Punkt,
wo er sich fragt,
was er wohl zu können vermag.
Wozu bin ich da,
weshalb, werd ich es mir nicht gewahr?
Wenn ich sterbe, wo komme ich dann hin,
und hat das Leben einen Sinn?
Warum ist das Leben manchmal bloß so schwer,
wo kommt denn all, die Problematik her?
Das Leben ist voll, von Aufgaben
und unzähligen Fragen,
dabei würde man viel lieber,
in Glück und Sonne baden.
Der Mensch hat sich
sein Leben selber ausgesucht,
ob er arm ist oder reich betucht.
Mit jedem seiner Schritte,
soll er finden seine Mitte.
Lernen ist hier oberstes Gebot,
auch in noch, so großer Not.
Wenn die Seele ihren Weg beschreitet,
und sachte in die nächsten Welten gleitet.
Dann ist es egal mit welchem Alter,
man von der Erde geht,
es ist nur wichtig, dass man die Prüfung
die man sich auferlegt, besteht.
Und ist der Mensch auch noch so klein,
es sollte dann so sein.

Die Welt verstehen !

Was weiß der Mensch von dieser Welt,
er weiß weder wer sie hält.
Noch weiß er, was aus ihr wird,
wie lange sie noch lebt oder wann sie stirbt.
Er weiß nicht einmal warum sie existiert,
geschweige denn, von dem, der sie kreiert.
Wieso sind all die Menschen da,
und ist das, was man tagtäglich sieht,
eigentlich alles wahr?
Andauernd geht das Leben rauf
und wieder runter,
manchmal ist man traurig
und dann ist man wieder munter.
Ewig geht es hin und her,
man kann es sehen, es fällt euch schwer.
All diese Fragen könnte man erklären,
doch wer würde sie verstehen,
denn, wer wirklich Wissen will,
der muss den Weg, der Erfahrungen
selber gehen.

Du wirst es schaffen !

Welche Frage du auch gerade hast,
es gibt einen Grund dafür,
dass du dir diese Gedanken machst.
Alles hat so seine Qualität,
sogar, wenn man kommt zu spät.
Vielleicht ist es ein Unglück,
dem du damit entgehst,
vielleicht auch nur der Streit,
den du damit hegst.
Doch, immer wird etwas daraus entstehen,
und jeder wird weiter seines Weges gehen.
Oft denkst du, ich hab es zerstört,
vergiss nicht das auch das,
zum Leben dazu gehört.
Es geht nicht immer nur
nach oben auf deiner Leiter,
aber alle anderen Leben doch auch weiter.
Auch sie haben Sorgen und sind mal Krank,
nur, gehen sie einen anderen Weg,
trotz allem legen sie sich lang.
Hohe Berge hast du zu erklimmen,
na und, wenn du oben stehst,
wirst du dich schon besinnen.
Diesen Weg den DU beschreitest,
den schaffst nur du allein,
für alle anderen währe er viel zu groß,
der Stein.

Erkenntnis !

Ein Stern fällt vom Himmel ins Meer,
eine Lichterflut blendet, ich sehe nichts mehr.
Nur hören kann ich den pfeifenden Wind,
und wie das Wasser dem Meer entspringt.
Weit ist das Land der Dunkelheit,
kein Lichtpunkt weit und breit.
Eine zischende Stimme
ist ganz leise zu vernehmen,
du musst den Weg nach vorne gehen.
Mit ganzer Kraft schrei ich in den Wind,
ich kann nichts sehen, ich bin blind.
Die Stimme spricht von weitem,
das Meer wird dich verschlucken
und dann heilen.
Tränen rinnen mir aus den Augen,
doch ich geh weiter,
ich kann's selbst nicht glauben.
Tobende Wellen schlagen über mir zusammen,
ich ertrinke und bin im Meer gefangen.
Der Sog hat mich ins Nichts gerissen,
nun fang ich an das Leben zu vermissen.
Mir wird bewusst was ich verloren hab,
und das, das Leben mir doch, so vieles gab.
Ein Blitz schießt mir in beide Augen,
er ist dabei, mein Leben auszusaugen.
Plötzlich wach ich auf und lieg am Strand,
dass, das Leben wertvoll ist,
das hatte ich zuvor verkannt.

Hoffnungsschimmer !

Traurigkeit hat sich breit gemacht,
eine Gefühlswelt voller Wut hat sich entfacht.
Wohin sollen die Gefühle fliehen,
man möchte endlich
einen Strich durch alles ziehen.
Zu oft, wurde man schon geschlagen,
viele male musste man
den Hass der anderen ertragen.
So allein fühlt man sich mit der Zeit,
würde doch jemand kommen,
der einen den Kummer vertreibt.
Kein Sinn scheint mehr zu existieren,
der Schatten ist so groß,
man ist förmlich am erfrieren.
Wo ist das Lachen, wo ist das Glück,
alles ging verloren, mit jedem mal ein Stück.
Ein kleiner Rest ist nun noch übrig von mir,
aber, es könnte ein neuer Anfang sein,
denn noch, ja noch, bin ich hier.

Menschliches

Painted by Silvia Koch

Der Abschiedsbrief!

Ich habe dir so sehr vertraut,
doch, du hast mir mein Vertrauen geraubt.
Würde ich ein Geheimnis von dir tragen,
würde ich nicht antworten,
würde mich jemand danach fragen.
Dir scheint es eher egal zu sein,
ich meine, deine Liebe zu mir ist furchtbar klein.
Der Verstand in mir sagt, lass ihn gehen,
das Herz in mir, kann es nicht verstehen.
Eine Puppe kannst du in die Ecke stellen,
vor Wut, würdest du sie auf den Boden prellen.
Und wenn du dann, die Puppe wieder brauchst,
dann, holst du sie dir aus der Ecke wieder raus.
Wünschenswert ist so ein Leben nicht für mich,
drum achte drauf, dass kein anderer,
dein Herz dir bricht.
Lange, habe ich nun ausgeharrt,
und viel zu oft, hab ich's bejaht.
Ich denke nun, ich mach mich auf den Weg,
sonst, ist es irgendwann zu spät.
Ich glaube nicht das du es je begreifst,
es sei denn, falls dein Geist noch reift.
Sieh es doch einfach positiv,
ich schreibe dir, ja schließlich
noch einen Abschiedsbrief.
Endlich warten neue Abenteuer auf uns beide,
nur, Gott sei Dank,
auf die getrennte Art und Weise.
Für die Zukunft,
wünsche ich dir einen guten Start,
nimm es nicht so schwer,
du bist doch sonst so hart!

Älter wird man mit der Zeit !

Die Zeit, sie fliegt dahin,
und in der Zeit, da liegt ein Sinn.
Es ist so eine Sache mit dem älter werden,
dann, drehen sich oft
auch die Gedanken um das Sterben.
Doch ist es wunderbar zu Leben,
aber leider sieht der Mensch
zu oft darin kein Segen.
Man jagt dem Sinn des Lebens hinterher,
und fragt sich dann, bin ich nur ein Mensch
oder bin ich mehr?
Oft wird man schwach und krank,
doch, man gesundet wieder, Gott sei Dank.
Viele Fehler hat man schon gemacht,
aber auch viel Gutes,
hat man doch vollbracht.
Mit der Zeit da wird man reifer,
und der Rücken etwas steifer.
Viele Hürden wurden mit den Jahren
so genommen,
wenn auch manchmal sehr beklommen.
So einiges hat man mit der Zeit geschafft,
und das kostet ja bekanntlich Kraft.
Die Liebe hat man kennen gelernt,
vielleicht hat man sich auch vermehrt.
Auf jeden Fall hat man ganz gut gelebt,
zumindest, wenn man nach dem gutem strebt.

....

....

Das Leben dauert fortan weiter,
sitzt man auch nicht ständig in einem Gleiter.
Man muss das Beste daraus machen,
und manchmal
lässt man es ganz gerne krachen.
Zu viel Streit ist niemals gut,
aber zwischendurch, tut es auch gut.
Dann kann man sich so schön versöhnen,
und mal wieder stundenlang nur klönen.
Ach, das Leben ist trotz allem wunderbar,
wenn, auch manchmal etwas sonderbar.

Die Aufmerksamkeit !

Es ist vielleicht klein,
aber es ist allein nur für Dich.
Es ist der helle Schein,
der die Dunkelheit für immer bricht.
In der Flamme wohnt die Wärme,
sie gibt einem das Gefühl von Behaglichkeit.
Genauso wie das Leuchten der Sterne,
in der kalten aber schönen Winterzeit.

Die Welt bewegen !

Es gibt so viele Menschen,
die mehr als alles andere klagen,
ich würde diesen Menschen gern so vieles sagen.
Wie währe es mit, jeder hat sein Kreuz zu tragen!
Oder, sieh dir Menschen an,
denen es schlechter geht als dir,
doch du, bemühst dich nur um deine Zier!
Manchmal spüre ich eine starke Kraft in mir,
völlig ohne Angst,
so als währe ich ein mächtiges und kluges Tier.
Es ist als könnte ich die Welt
aus eigener Kraft bewegen,
doch dann, ist es als würde
es mich gar nicht geben.
Ich wünschte so oft
ich hätte vom lieben Gott seinen Segen,
und ich könnte die Welt tatsächlich
zum guten bewegen.

Welch ein Trost !

Viele Menschen auf dieser Erde,
sind Mitläufer in einer großen Herde.
Obwohl sie nichts besonderes tun,
meinen sie, sie verdienen
ganz besonderen Ruhm.
Um vor anderen Menschen wichtig zu sein,
sind sie, zu vielen anderen gemein.
Ohne sich großartig Gedanken zu machen,
sind sie dabei, viel Leid zu entfachen.
Menschen die nur an ihr eigenes
kleines Umfeld denken,
meinen, sie könnten die ganze
Menschheit lenken.
Es gibt genügend Menschen,
die haben sehr viel Geld,
doch sind sie deswegen gleich ein Held?
Die Herzlichkeit die bleibt oftmals
auf der Strecke,
und die Ehrlichkeit die findet man nur zu oft,
auf der Toilette.
Wer andren Menschen unrecht tut,
den geht es auf die Dauer auch nicht gut.
Viele glauben nicht an Gott,
und haben nicht viel übrig, außer Spott.
Sie wollen andere belehren,
und merken nicht,
wie schnell sich schwarze Ähren mehren.

....

....

Irgend wann ist solch ein Mensch allein,
und wünschte sich dann stark zu sein.
Gesundheit ist ein Segen,
nicht aber mit viel Geld zu leben.
Und wer diese Weisheit nicht versteht,
Gott sei Dank, für den ist es noch nicht zu spät.
Er darf noch mal geboren werden,
um ein besserer Mensch zu werden.
Wer es nicht glaubt, der wird es sehen,
vielleicht, wird er den Sinn
des Lebens dann verstehen?!

Ist das wichtig ?

Der Dialog zwischen einem Paar,
ist manchmal, nicht ganz so klar.
So könnte man sich manchmal fragen,
wollte er irgend was, bestimmtes damit sagen?
Ein Beispiel folgt nun in den nächsten Zeilen,
ist doch alles halb so schlimm,
könnte man zumindest meinen.

Schatz, hast du mal etwas Zeit für mich?
Ja klar, mein Schatz, doch jetzt bitte nicht!

Schatz, könntest du mir mal behilflich sein?
Sicher, ich mach das nur zu Ende,
dann bin ich dein!

Schatz, fahren wir Heute noch mal los?
Wie, heute Abend, was war da bloß?

Schatz, sag mal, liebst du mich nicht mehr?
Was für eine blöde Frage...
gib mir mal das Buch da her?

Schatz, erinnerst du noch als wir...
Warte mal eben und halt das hier!

Schatz, du hörst mir ja überhaupt nicht zu,
ich geh, dir ist es ja vollkommen egal
was ich hier tu.

Ach, Mäuschen komm bleib hier,
ich bin jetzt ehrlich, lieb zu dir.

Selbst Schuld ?

Ich habe dir sehr weh getan,
dafür muss ich jetzt bezahlen.
Meine Gefühle zu dir kann keiner
auch nur für Sekunden erahnen.
Ich fühle mich innerlich so leer,
so pendel ich zwischen Leben und Tod
hin und her.
Warum hab ich diese Gefühle,
ich weiß es nicht mehr,
doch mein Herz, es blutet immer noch sehr.
Ich schreie vor Sehnsucht nach dir,
doch, du hörst mich einfach nicht mehr.

Stilles Schreien !

Ich kann es einfach nicht verstehen,
dass, es alle Menschen so völlig anders sehen.
Jeder Mensch hat ein eigenes Ich,
doch was ist,
wenn es ihm jemand bricht?
Und der Mensch der gebrochen ist,
nicht über seine Sorgen spricht?
Wenn man sich vor lauter Sorgen quält,
keiner da ist, der zu ihm hält.
Und keiner um einen wirbt,
dann, ist nur sicher, dass er im Inneren stirbt !

Die Gefühle !

Gefühle sind wandelbar,
manchmal sind sie sonderbar.
Sie geben einen Kraft und Intuition,
dann wiederum sind sie der reine Hohn.
Ich habe schon viel miterlebt,
wie jeder, der nach Geborgenheit strebt.
Doch gibt es auch solche,
die fressen an dir, wie eine Meute.
Sie beherbergen deinen Körper,
und sind alle nur Nörgler.
Sie empfinden nur Trauer und Pein,
man denkt, muss das denn alles sein.
Ich habe schon sehr viel mitgemacht,
doch jeder sieht immer nur Macht.
Man denkt man kann alles besiegen,
nur dann müsste man sich,
doch schon wieder bekriegen.
Ich bin es leid nur das eine zu sehen,
drum habe ich mich den Weitblick
entschieden zu wählen.
Ich kann nicht sagen
was mich zum Schreiben bewegt,
doch weiß ich, des Willens der sich in mir regt.
Eine bessere Welt möchte jeder gern haben,
doch es wird nichts, solange sich alle
in der Macht, anderer laben.

Die Steine !

Sie existieren wie wir,
im jetzt und hier.
Doch wer beachtet sie schon,
wo wir doch alle auf dieser Erde wohn.
Zusammen verlieren wir uns in diesen Weiten,
doch sind nicht sie es, die sich streiten.
Und trotzdem haben wir eines gemeinsam,
wir sind viele, aber oft einsam.

Hilflos !

Ich seh dir in die Augen,
seh dein Kummer, seh dein Schmerz.
Ich würde dir so gerne helfen,
weiß nicht wie, mir bricht das Herz.

Hilflos blicke ich dich an,
habe Angst dich zu verlieren,
Gott hilf mir, das ich irgendetwas machen kann.

Zitternd liegst du hier in meinen Händen,
Tränen rollen über mein Gesicht,
wenn wir doch einen Ausweg fänden,
das Licht wird dunkler .... es erlischt.

Nichts tun zu können ist mein Los,
wir schaffen es schon, halt durch,
unsere Liebe ist doch, so unendlich groß.

Ein Lichtblick scheint uns nun entgegen,
Hilfe kommt, Gott ich danke dir,
für deinen Segen.

Eine nette Gelegenheit !

Schatten hin und Schatten her,
bist du der Meinung du schaffst nichts mehr?
Fehlen tut doch nur die Motivation,
na ja, und ein wenig Kondition.
Würdest du doch bloß den Anfang finden,
und die Faulheit überwinden.
Tage, Wochen, Monate vergehen,
doch vom Training,
ist noch immer nichts zu sehn.
Anstatt zu sitzen und zu weinen,
solltest du wohl lieber Sport betreiben.
Also gut nun fang jetzt an,
wollen mal sehen was man so schaffen kann.
Nur 2, 3 Tage in der Woche,
und für dich beginnt die Neu– Epoche.
Dein 1.ster Schritt sind die 4 Wochen,
damit ist die 1. Hürde schon gebrochen.
Dein 2. Schritt ist die Überwindung
für die nächsten 4,
nun lauf nicht weg, bleib einfach hier.
Dein 3.ter Schritt ist der, nicht aufzugeben,
und ein paar Gewichte mehr zu heben.
Dein 4.ter Schritt ist durchzuhalten,
nun lasse mal die Kräfte walten.
Kommen wir nun, zu Schritt 5,
in dem du dir, die Nase rümpfst,
und dich ein wenig mehr noch krümmst.

. . . .

Was hältst du denn vom Schrittchen 6,
jetzt hast du wieder Kraft beim Sex.
Nun kommt Schrittchen Nr.7,
wo ist denn nur der Frust geblieben?
Mit dem Schritte Nr. 8
kommt wieder richtig Kraft,
schön ist es wenn der Hintern wieder lacht.
Mit Schritt 9, ist es schon leicht,
weil nun endlich auch der Ring entweicht.
Kommen wir nun zum Schritte Nr.10,
jetzt kann keiner mehr vom Fett was sehn,
und du kannst im coolen Outfit gehen.
Kommen wir jetzt zum letzten Schritt,
hör auf zu grübeln und mach mit,
dann bist auch du bald wieder Fit!
Lieber viele kleine Schritte,
Als nen großen und dann fehlt die Brücke!

Einer von vielen !

Ein Mensch, der den Kopf voll hat
mit zärtlichen Träumen,
der angst hat, aufzuwachen,
umgeben von lauter Zäunen.

Er philosophiert vom bunten Leben,
von ehrlich gemeinten und offenen Reden.

Er malt Bilder mit dem Finger in den Sand,
und träumt von Liebe ohne Zank.

Er beobachtet die Armen und die Reichen,
sieht Lebende und Leichen.

Er spürt die Kälte im Winterkleid,
im Sommer fühlt er wie die Sonne scheint.

Er liebt die Berge und das Meer,
auch er muss manchmal weinen,
und sein Blick ist leer.

Genauso wie jeder andere Mensch
hat er Emotionen,
ist jede Nacht am träumen,
doch kein Mensch wird ihn verschonen,
denn, er schläft als Penner
unter Brücken und Bäumen.

Jeder ist wertvoll !

Es gibt nicht nur dich,
auch nicht nur mich.
Jede Facette des Lebens ist wichtig,
warum ist es für viele, alles so nichtig ?
Du brauchst die Haut die dich zusammen hält,
genauso wie dein Herz,
damit der Druck nicht fällt.
Du brauchst deine Füße die dich tragen,
und den Kopf für all die Fragen.
Jeder Mensch ist wichtig,
warum ist das für viele so nichtig?

Mysteriöses

Painted by Silvia Koch and Carol An

Gott und die Natur !

Leid, gibt es überall auf der Welt,
doch gibt es für alles Leid auf dieser Welt
auch einen Held !
Auch wenn die Trübsal,
schwer auf jenem Herzen liegt,
so ist es gewollt, dass alles mit noch
anderem aufwiegt.
Für jede Krankheit gibt es doch ein Pflänzchen,
heile, heile Gänschen.
Der Glaube, ist nicht einfach eine Flucht,
sondern eine reine Frucht.
Sie werden oft traktiert und in der Luft zerrissen,
doch bei Krankheit wird man sie vermissen.
So kommt es, dass die unscheinbaren beiden,
heimlich, alle Leiden heilen.

Böses Erwachen !

Es war mitten am Tag und ich vergaß ihn nicht,
selbst mitten in der Nacht,
entkam ich ihm nicht.
Er griff nach mir in meinem Traum,
und schliff mich am Bein,
durch einen dunklen Raum.
Ich wehrte mich mit voller Kraft,
doch in ihm steckt enorme Macht.
Er zerrte mich zu einer schwarzen Tür,
ich wusste ganz genau wofür.
Ich schrie verzweifelt lass mich gehen,
er aber blieb nicht stehen.
Hinter dieser Tür da gab es kein Licht,
ich schrie ihn an, du kriegst mich nicht.
Du bist böse, voller hass und tief gemein,
ich dagegen bin vom Herzen rein.
Meine Kraft ist heller als die deine,
geh allein zurück und lass mich nun alleine.
Gott sei Dank ließ er nun ab von mir,
doch seine Blicke waren voller Gier.
Der Tag wird kommen
wo er es noch mal versucht,
doch ich werd mich wehren,
bis er wieder mal das Weite sucht.
Ich merkte, dass er mich bewachte,
und der Tag vor dem mir graute,
der kam schneller als ich dachte.

....

. . . .

Er begegnete mir, in einer sehr
vertrauten Gestalt,
und als wir uns sehr nahe waren,
merkte ich, es war sehr kalt.
Ich schlief, also machte ich mir
auch keinerlei Gedanken,
und er fing an, mich mit seinem Wesen
zu umranken.
Er war geheimnisvoll und für einen Menschen
viel zu kräftig,
und irgendwie, machte das verdächtig.
Ich sah hoch, in seine Augen,
und was ich sah, das konnte ich nicht glauben.
Sein Gesicht verzerrte sich,
er war es, und er wollte mich.
Ich blickte ihm direkt in seine Fratze,
es waren schmerzen,
als er mit den Klauen kratze.
Voller Verzweiflung und vom Ekel gepackt,
schlug und trat ich ihn,
als wäre er ein lebloser Sack.
Du wirst mich niemals kriegen,
ich werde immer wieder siegen.
Mit jedem male, werde ich nur schlauer,
und für dich, empfinde ich nicht einmal Trauer.
So lange man nur an das Gute glaubt,
wird es niemanden geben,
der mir meine Seele raubt.

Des Menschen sein Schicksal ?

Ich sah ein kleines Kind,
das sprach, sehr weise und bestimmt.

Die Bäume biegen sich im Wind,
die Wolken sind nun nicht mehr ruhig gestimmt,
die Glut der Erde ist schon bald verglimmt
und das Meer ist auch verstimmt.
Wenn das Blut der Menschen
in ihren Adern gerinnt,
dann, solltet ihr wissen, dass eure Zeit verrinnt
und keiner noch mal neu beginnt.

Dann sah ich einen Greisen, der sprach
am selben Tag vom Reisen.

Dass Gleichgewicht dieser Natur,
wird euch entgleiten,
das wird sicher noch viel Schmerz bereiten.
Der Kummer wird den Mensch geleiten
und die Trauer wird ihnen das Herz zerreißen,
darauf, wird die Welt schon bald vereisen.
Sicher wird der Mensch, dies bald beweisen,
aber keiner von ihnen will, es wohl begreifen.

....

....

So kam ich bald zu meinem Ziel
und was ich da sah,
war etwas, das mir nicht gefiel.

Eine riesige Menschenschar
ward sich einfach nicht gewahr,
das dieses nun das Ende war.
Sie kauerten auf Knien,
können wir diesem Unglück nicht entfliehn?
Zu spät kommt nun die Reue,
zerfallen war die Treue.
Winden sollt ihr euch im Schlamm,
mal sehen, wer's von euch am besten kann?

Eine kurze Ewigkeit !

Ich sehe mich noch im Spiegel,
aus meinen Augen bricht ein Siegel.
Dann wird es dunkel um mich herum,
selbst die Stille ist nun stumm.
Ich versuch nach Luft zu ringen,
und die Tränen reißen tiefe Rinnen.
Erinnerungen gehen im Nichts verloren,
und die Gedanken scheinen zu vergoren.
In den Ohren gellt mein Herzschlag
wie ein Knallen,
ich beginne an, ganz tief zu fallen.
Mein Körper scheint nicht mehr, zu existieren,
und die Leere fängt, an ganz leise zu vibrieren.
Voller Sehnsucht warte ich, auf das Licht,
und wünsche das es sich,
mit der Dunkelheit vermischt.
Unendlich viele Bilder, ziehen an mir vorbei,
mein Bedürfnis ist, das ich laut schrei.
Auf die Bilder folgen Töne,
ich kann sie nicht ertragen,
ich winde mich in Tausenden von Fragen.
Hilf mir doch, ich bin in Not,
oder, ist das nun mein Tod?
Instrumente wie in einem großen Heer,
scheinen zu eskalieren,
ich glaube, mein Bewusstsein zu verlieren..
Die Bilder rasen immer schneller,
um mich herum, wird's immer heller.
Aus Verzweiflung fang ich an zu schreien,
ich bin noch nicht so weit,
da muss noch irgend etwas sein.

....

....

Ich kann mich nicht erinnern,
wer, soll sich denn jetzt kümmern?
Um wen und was, das weiß ich nicht,
ich bete, denn ich will nicht in das Licht.
Dann sah ich mich da unten liegen,
war es das letzte Zucken
oder war es nur ein Wiegen?
Mein Bewusstsein kam zurück zu mir,
mein Körper, liegt da unten und ich,
ja ich bin hier.
Schemenhaft, nehme ich die trostlose
Umgebung war,
was macht mein Kind denn da.
Oh, mein Gott ich hatte es vergessen,
als hätten, die Töne meinen Verstand zerfressen.
Ich kann nicht denken, kann nichts spüren,
kann die Trauer irgendwie nur fühlen.
Das unerträgliche, wird zum Schmerz,
ein rasendes Ziehen, durchdringt mein
scheinbar totes Herz.
Ein Geräusch das ich nicht kenne,
verwandelt alles, in allwissende Stille.
Das Gefühl durchbohrt zu werden,
wird jetzt stark,
und Schmerzen rasen durch Gebein und Mark.
Zur Besinnung komme ich nur schwer,
doch bewegen, kann ich mich nicht mehr.
Ewig schien die Zeit zu sein,
langsam kehrt mein Leben wieder ein.
Meine Zeit, sie ist noch nicht vorbei,
doch viele Erinnerungen,
sind verloren gegangen dabei.

Heimweh !

Als kleines Kind, fühlte ich mich
in meiner Haut schon nicht wohl,
irgendwie war alles schleichend und hohl.
Ich hatte immer das Gefühl,
nicht hierher zu gehören,
die Menschen auf der Erde,
fingen an mich zu stören.
Ich versuchte immer, mit beiden Beinen
auf dem Boden zu stehen,
nur sollte ich wohl, einen anderen Weg gehen.
Ich hab mich nie, als ganzen Mensch betrachtet,
so sehr ich es auch wollte,
es hat mich immer nur belastet.
Hab mir so meine Gedanken gemacht,
was lies ich bloß immer wieder außer acht?
Mein Leben lenkte ich,
nur irgendwie aus weiter Ferne,
doch was mich anzog,
war das Weltall und die Sterne.
Egal, wie sehr mich mancher Mensch
auch liebte,
ich war einsam und es gab nichts,
was die Schmerzen besiegte.
Was war das für ein Schmerz,
es war nicht zu erklären,
oder sollte ich mich hier unten,
irgendwie bewähren?

. . . .

....

Ich glaubte Heimweh zu haben,
doch woher er kam, konnte ich nicht sagen.
Was ist wenn ich zuvor noch nie,
geboren war,
kam ich deswegen mit der neuen Welt
nicht klar?
Vielleicht fehlte mir,
das gewisse Etwas in dem Licht,
die wahre Liebe und Geborgenheit,
die sich damit vermischt.
Oder, war noch etwas anderes in mir drin,
es ergab alles keinen Sinn.
Gibt es Wesen außerhalb dieser Welt,
oder ist es meine Phantasie,
die mich immer und ewig neu befällt?
Ich scheine nicht, so ganz normal zu sein,
aber das ist es ja gerade, was ich immer mein.
Wäre es nur eine zeitbeschränkte Phase,
dann wäre es alles keine Frage.
Noch immer lebe ich damit,
mit jeden Tag geh ich weiter, Schritt für Schritt,
doch irgendwann werde ich wissen,
warum ich so sehr, darunter litt..

Nur ein Traum ?

Schließe deine Augen, schlafe ein und fliege los,
die Welt in anderen Sphären, ist so groß.
Hab keine Angst, vor dem was gleich passiert,
es passiert jede Nacht, nur ist es so,
dass du es sonst nicht registrierst.
Lenk deine Aufmerksamkeit auf dein Selbst,
bevor, du in deine Schlafphase fällst.
Eine Welt von Schönheit könntest du entdecken,
doch auch Welten voller Schrecken.
Es liegt an dir, wohin die Reise geht,
ob die Zeit in der du Dich befindest,
läuft oder steht.
Lass entstehen, was auch immer
dein Wunsch ist,
es wird funktionieren,
weil du in deiner Welt bist.
Du kannst dich in deine eigene,
reale Welt versetzen,
doch solltest du die Regeln, nicht verletzen.
Falschheit und Boshaftigkeit
solltest du vermeiden,
sonst würdest du nur selbst,
etwas schlechtes erleiden.
Setz dich dort ruhig
mit deinen Problemen auseinander,
keine Angst, du hast noch alle beieinander.
Egal womit, du dich dort auch beschäftigst,
es ist so, das es dich für die „bewusste" Welt,
bestärkt und kräftigt.

....

....

Bevor du nun aus deinem Traum erwachst,
hast du einen kleinen Verlust gemacht.
Vielleicht, hast du schon wieder vergessen
wo du warst,
das liegt am Schleier des Vergessens,
durch den du nach dem Träumen rast.
Er ist zu deinem Schutze da, damit du dich auf
dein Leben konzentrierst,
und nicht nach anderen Welten gierst.
Lerne reale Träume und reales Leben,
auseinander zu halten,
dann kannst du lernen, dein reales Leben,
in deinen Träumen zu gestalten.

Wer oder Was bin ich ?

Ich wurde geboren an einem Freitag den 13.ten
um 12. Uhr 02,
als kleines Kind schon, brach mein Herz vor
Schmerz entzwei.
Die Liebe die ich zu finden hoffte,
war nur etwas, was in meinem Herzen pochte.
Ich wurde gehetzt und gejagt vom Bösen,
und keiner konnte mich
von diesen Qualen erlösen.
Gegen das Schlechte kämpfen
musste ich alleine,
doch die Siege, waren alle meine.
Träume wurden zu einer neuen Realität,
ich erkannte den Sinn und wie alles geht.
Visionen der Zukunft plagten mich,
doch sterben tat ich nicht, denn es umgab mich
ein gleißendes Licht.
Mein Körper rebellierte gegen das
gesehene von mir,
ich hatte wahnsinnige Angst,
dass ich diesen Kampf verlier.
Flügel so scharf wie Rasierklingen, traten aus
meinem Rücken hervor,
mit Schmerzen so groß,
das ich fast das Bewusstsein verlor.
Ich wandelte durch Menschen
die Qualen erlitten,
es waren Menschen, die mich
um ihre Erlösung bitten.
Mit jedem Schritt zu ihnen hin,
war der Schmerz noch größer in mir drin.
Sah ich ihnen dann in ihre Augen,
dann starben sie, für ihren Glauben.

Schwarzes Meer !

Nachts wenn, das Meer schwarz erscheint,
und sich der Himmel mit dem Meer vereint.
Wenn das Wasser, spiegelt den Mond,
spürt man den Geist des Meeres der hier thront.
Des Wassers glänzend schwarzer Spiegel,
verhüllt die dunklen tiefen
mit seinem riesigen Siegel.
Kein Wind streicht über deine Haut,
kein Vogel gibt noch einen Laut.
Der Strand ist dunkel, glatt und leer,
wo ist er zu Ende und wo beginnt das Meer?
Geheimnisvolles Flüstern,
rauscht dir aus dem Meer entgegen,
Angstgefühle fangen an sich in dir zu regen.
Wie gefangen starrst du fasziniert,
könnte es passieren das sich dein Geist
vor Angst verliert?
Etwas mächtiges ergreift Besitz von dir,
du willst laufen, ganz weit weg von hier.
Der Druck von Angst lähmt dir die Beine,
doch bist du mit den Kräften
des Meeres ganz alleine.
Dieses Gefühl der Angst begleitet dich voller Gier
denn, die Wunde der Angst klafft tief in dir.

Zwischenwelt !

Die Nacht bricht herein,
nichts ist zu sehen von einem lichter Schein.
Mir wird kalt,
ich hoffe nur du kommst ganz bald.
Am Himmel stehen die Sterne nur,
doch von dir ist keine Spur.
Ich mach mir Gedanken, mach mir Sorgen,
doch du, du bleibst mir verborgen.
Was soll ich tun, wo soll ich hin,
ohne dich bekomme ich keinen klaren Sinn.
Schatten fliegen nun durchs Zimmer,
meine Angst wird immer schlimmer.
Sehnsucht erfüllt meine Seele mit Schmerz,
ich glaub, ich blute in meinem Herz.
Wann wirst du endlich kommen,
mein Körper ist schon ganz benommen.
Gehetzt blick ich auf die Uhr,
wo bleibst du nur.
Ich habe das Gefühl zu zerfallen wie Staub,
meine Sinne sind schon ganz taub.
Vor lauter weinen sehe ich nichts mehr,
wenn du nicht kommst,
dann will ich nicht mehr.
Du hast mir gesagt, du würdest mich
immer Lieben,
doch der Geruch deines Shirt's
fängt an zu verfliegen.

. . . .

. . . .

Mit schwerem Herzen und stundenlanger Qual,
fall ich endlich in des schlafes Schal.
Selbst im Traum sehne ich mich
so sehr nach dir,
ständig bin ich auf der Suche vor Angst
das ich dich verlier.
Nach der unendlich langen Nacht,
bin ich Schweißgebadet aufgewacht.
Die Tränen flossen, als ich dich neben mir sah,
du sagtest, was hast du bloß geträumt,
ich bin doch da.

Schöne Begegnung !

Es ist dunkel und es regnet,
und es ist mir etwas schönes begegnet.
Es war freundlich und warm,
irgendwie erschien es ganz zahm.
Was es so genau war weiß ich nicht,
aber es erfüllte mein Herz mit Licht.
Ich fühlte mich, obwohl es regnete richtig gut,
denn, das Etwas gab mir Mut.
Einen Namen dafür zu finden fiel mir schwer,
doch in dunklen und tristen Zeiten
half es mir sehr.
Der Zorn und die Bitterkeit
helfen einem nicht weiter,
nur wer Liebe ausstrahlt,
der wird auch wieder heiter.
Es ist nicht immer leicht
aber ist man dazu bereit,
dann hilft einem die Zeit.
Und wenn es mal wieder regnet,
stürmt oder schneit,
und ist es auch noch so eine Dunkelheit,
dann, bin ich nun auch in dieser Zeit
zum Liebe ausstrahlen bereit !

Ein Tor ?

Eine Welt von gleißendem Licht,
hat auch etwas schwarzes,
was die Strahlen bricht.
Sieh nur ruhig genauer hin,
und frag dich „wo gehen all die Strahlen hin„?
Lass dich nun belehren, das Schwarz
gar keine Farbe ist,
sondern, eine raffinierte List.
Was du in dieser Welt auch immer
als schwarz betrachtest,
es ist nicht das, als was du es erachtest!
Alles Schwarz ist nur ein dunkles Grau,
wenn man es weiß, sieht man es genau.
Das wahre Schwarz ist tief und unendlich weit,
darin, verschwindet Raum und Zeit.
Jeder von uns trägt es in sich,
willst du es finden, dann geh in dich.
Willst du es betrachten,
musst du auf die Menschen achten.
Willst du es verstehen,
dann musst du in für dich, neue Welten gehen.
Hast du dieses Schwarz
dann irgendwann gefunden,
dann hast du zwei deiner Welten,
mit einem Blick verbunden.

Schamanische Welten

Painted by Silvia Koch

Es nimmt kein Ende !

Erinnerungen an schöne Tage,
die hat jeder, keine Frage.
Nur kehren solche, anscheinend
nicht mehr zurück,
sie verfliegen, wie so oft das Glück.
Nur die schlechten, kehren fast immer wieder,
und immer, sind sie bieder.
Warum das eigentlich so ist,
das liegt an jedem, seinen eigenen Mist.
Hättest du aus den, nicht so schönen
Erfahrungen gelernt,
wären sie auch nicht, zurück gekehrt.
Das angenehme ist schon wunderbar,
darum, kommt es nicht wieder,
klingt es auch sonderbar.
Neue schöne Zeiten kommen,
um dich vom Kummer abzulenken,
nicht nur, um dich mit schönen Zeiten
zu beschenken.
Wenn das unangenehme, immer wieder kehrt,
dann, hast du daraus noch nicht gelernt.
Es ist der gleiche Fehler,
den du immer wieder machst,
nur, wenn du ihn löst,
hast du alles wohl bedacht.
Mehr oder weniger Zeit vergeht,
bis dann, das nächste Problem
vor deiner Türe steht.
Wenn du das akzeptierst,
ist es nicht möglich das du, verlierst.

Atme ein !

In jedem von uns gibt es einen kleinen
strahlenden Punkt,
oftmals sind diese Punkte zwar da,
aber vermummt.
Es liegt an einem selbst,
ob das Strahlen größer wird,
oder ob es ewig nur im dunklen schwirrt.
Der Punkt besteht aus reiner Energie,
man kann sie lenken, aber wie?
Stelle dir ein Kerzenlicht im inneren
deines Körpers vor,
denn, das ist der Weg, zu deinem inneren Tor.
Die Türen, die dem Licht
den Weg versperren sind zwar dick,
doch, denke dir sie sind aus Glas,
denn das erhellt dein Blick.
Atme ganz tief ein,
und atme somit Sonne ein.
Atme noch mal ganz tief ein,
und atme Sonne in dein innerstes Licht hinein.
Mit jedem Atemzug wird das Licht nun größer,
und zunehmend, wird es für dich
wärmer und schöner.
Lass das Licht,
deinen ganzen Körper durchfluten,
das kannst du dir mit reinem Gewissen,
ruhig zumuten.

....

．．．．．．．．．．．．．．．．．．

Das Licht dehnt sich nun weiter aus,
vielleicht sogar weit über deinen Körper hinaus.
Denke immer an Liebe und Harmonie dabei,
dann, fühlst du dich ganz leicht und frei.
So weit das Licht bei dir auch reicht,
du bemerkst, wenn es seinen Endpunkt erreicht.
Lass die Energie noch etwas fließen,
damit sich die Energien am Rand ergießen.
Der Rand wird dadurch fester und ganz glatt,
so das nichts Böses eine Chance
zum eindringen hat.
Schließ die Strahlen unter deinen Füßen,
und vergiss nur nicht,
die Sonne dafür zu grüßen.
Übe immer fleißig weiter,
dann, lebt es sich gewiss viel leichter.

Das Universum hat ein Ende !

Egal von wie weit die Sterne auch scheinen,
sie sind immer näher als wir meinen.
Wo mag das Universum enden,
und ist es nun bewohnt von Fremden?
Was vermag der Mensch zu Wissen,
wo er so sehr glaubt, er ist gerissen.
Das Universum besteht nicht aus Unendlichkeit,
das Ende ist nicht all zu weit.
Es kommt noch immer auf den Standpunkt an,
doch vieles was man sieht, daran zweifelt man.
Ein Ende ist in Sicht,
wenn man sein Vertrauen
in sich Selbst nicht bricht.
Die Luft ist oftmals wunderbar klar,
doch ist sie denn, auch Sichtbar?
Wenn ich meinen Atem in die Luft hauche,
dann kann ich sie doch sehen,
ohne das ich dazu Geräte brauche.
Wenn ich meinem Wachzustand entrinne,
ist es nicht, dass ich mich irgendwie entsinne.
Langsam gehe ich zum schlafen über,
doch frag mich mal, wie kam ich rüber?
Im Weltraum bin ich willenlos,
und treibe so dahin auf einem Floß.
So ohne Ziel und Vorstellung,
sehe ich mich in der Gegend um.
Mach ich mir bewusst den Frieden
und die Ruhe,
und das ich gerne etwas Gutes tue.

....

．．．．．．．．．．．．．．．．．．

Dann tut sich etwas in mir drinne,
das ich mich auf einen Punkt besinne.
Erst nimmt man so ein Flackern wahr,
dann kommt man einer Art, Verschmelzung nah.
Aus dem Dunkel wird nun Licht,
so wunderschön, das man komplett
alles hier vergisst.
Ein Gefühl von Frieden ruht in mir,
keine Spuren mehr von Hass und Gier.
In den Übergang schweb ich hinein,
und ich bin erfüllt, vom Sein.
Weiter geht mein Weg hier nicht,
doch ich sah, das mächtigste Licht.
Ganz viele kleine Lichterlein,
schweben dort andauernd raus und rein,
jetzt kann ich es verstehen,
und all das Wissen mit nach Hause nehmen.
Als ich ihren Weg verfolgte
und mich so nach vorne beugte,
war mir klar, dass ich die Erde
unter ihnen beäugte.
Als ich dann nach hinten sah,
wurde mir bewusst,
dass da noch, so eine Erde war.
Da drüben ist Unendlichkeit,
dort gibt es einfach keine Zeit.
Ich schwebe nun im Hier und Jetzt,
alles miteinander ist ganz zart vernetzt.
Unendlich Dankbar bin ich für die Einsicht
die ich nun erhalten habe,
denn bei vollem Bewusstsein
kam ich in die Lage,
und was ich sah, erhellt sein Name !

Hörst Du auch das leise Flüstern ?

Solche Geräusche wie schnurrender Wind,
tauchen auf, bevor der Regen
an zu fallen beginnt.
Wenn hunderte von Farben ganz weit oben,
im Himmel mit dem Regen toben,
dann, entsteht daraus
ein wunderschöner Regenbogen.
Wenn der Tau die Blätter schmückt,
dann, ist so manch ein Mensch beglückt.
Wenn im Wind die Bäume wispern,
dann, hört man mit viel Glück
auch das die Bäume flüstern.
Und hörte man den Bäumen zu,
dann, trügen sie uns Wissen zu.
Nur leider nehmen wir uns keine Zeit,
dabei, sind wir schon längst bereit.
Wir müssen uns bewähren,
das bedeutet, "zu leben heißt auch lernen"!
Lehn dich doch an einen alten Baum,
vergesse einfach Zeit und Raum.
Im Schutz des Baumes
wird dir nichts geschehen,
im Gegenteil, du wirst schon sehen.
Schütte ihm dein Herz ruhig aus,
aus ihm, bekommt ganz sicher,
keiner etwas raus.
Dann und wann, besuchst du ihn,
zu ihm, kannst du nämlich immer fliehn.
Ein Freund wird er dir sein,
und das er mit dir spricht, das bleibt geheim.

Das Tor zum Feenreich !

Kennst du das Reich der Feen,
möchtest du sie mal erspähen?
Dann, gebe ich dir jetzt einen guten Rat,
nimm dir Zeit an einem sonnigen Tag.
Lauf hinaus in die Natur,
rieche die Luft und atme sie pur.
Finde eine Höhle am Wasser gelegen,
dann, setzte dich einfach daneben.
Siehst du den Höhleneingang im Wasserspiegel,
mit dieser Sicht, öffnest du des Tores,
schweren Riegel.
Träum dich hinein ins Wassertor,
es kommt dir vielleicht, wie ein Strudel vor.
Langsam, zieht es dich in eine andere Welt,
wo Feengesang dein Ohr erhellt.
Willkommen bist du hier als Gast,
mache ruhig ein wenig Rast.
Und hast du dich ein bisschen umgesehen,
so kehr nun wieder um,
sonst ist's um dich geschehen.
Sitzt du daraufhin wieder an deiner alten Stelle,
denkst du, du hast es nur geträumt, gelle?

Ein wahrer Freund !

Freunde gibt es in der Regel viele,
doch, zu oft entpuppen sie sich nur als Diebe.
Es sind Unwissende die einem
die Hoffnung stehlen,
ein Leid ist es, das zu erwähnen.
Doch, gibt es auch solche,
denen kann man doch vertrauen,
mit ihnen kann man große Brücken bauen.
Über so eine Brücke bist du nun gegangen,
und wurdest von einem wahren
Freund empfangen.
Liebevoll hat er dich aufgenommen,
nun, kannst du in jeder Lage zu ihm kommen.
Du weißt jetzt, das du nicht mehr einsam bist,
egal wie schwer das Leben manchmal ist.

Ich nehme dir deinen Schmerz !

Streck mir deine Hand entgegen,
dann kann ich dich mit Liebe pflegen.
Ist dein Herz auch noch so schwer,
ich stärke es, gib die Schmerzen einfach her.
Ich löse sie in Liebe auf,
dann nimmt alles, wieder seinen Lauf.
Ganz egal, wie oft du schon gefallen bist,
hab keine Angst, ich helfe dir aus diesem Trist.
Hoch lodern muss noch mal die Flamme,
damit ich sie nun, für dich banne.
Gerade wo du diese Zeilen liest,
geschieht es, das dein Schmerz,
nun von dir fließt.
Lass es zu, lass ihn doch gehen,
ich werde ihn, mit Liebe nehmen.
Zusammen schließen wir die Wunde,
du wirst es sehen, es ist ganz leicht, im Grunde.
Warme Strahlen werde ich dir geben,
damit es wieder hell wird, in deinem Leben.

Nicht immer ist es, das Böse !

Schwarze Kapuziner ziehen durchs Land,
sie wurden vom Volk des Vergessens verbannt.
Lang und beschwerlich ist ihr Weg,
denn er gleicht einem schmalen Steg.
Sie wurden aus Unwissenheit vertrieben,
doch sie nehmen es hin
und bleiben verschwiegen.
Bei Vollmond in dunkler Nacht,
haben sie so manches Wunder vollbracht.
Geheilt haben sie so manches Leid,
obwohl sie verhasst, sind sie zum Helfen bereit.
Ihr Ritual sieht mächtig und auch
angsteinflössend aus,
doch ihr ward es, die sie trieben,
in die Wildnis hinaus.
Verstecken müssen sie sich in Gewändern,
damit nicht jeder sieht,
wer Macht hat zu verändern.
Kaum einer wird es je verstehen,
das sie nichts böses, sondern Liebe sehen.
Aufrecht halten sie,
den Kontakt zu ihren Ahnen,
um andere Menschen vor Unglück zu bewahren.
Doch kaum einer hört ihnen zu,
zu viele haben nicht mehr, das Herz dazu.

Schrei des Adlers !

Weit oben auf dem Felsen harre ich aus,
in die Weiten blicke ich hinaus.
Ein Schrei des Adlers
lässt mich in den Himmel schauen,
vor Entzücken, trommle ich mich ins Vertrauen.
Die Schläge auf das Leder werden heftig,
das Gefühl zu fliegen, übermächtig.
Mein Körper zittert, der Fels fängt an zu beben,
ich spüre wie mich meine Flügel,
in den Himmel heben.
Immer rasanter steige ich
der Wolkenschicht entgegen,
stoße durch das Wolkenband gen Eden.
Der Trommelschlag ist nun verstummt,
aber ich hör doch, das da jemand summt.
Ein Wolfskopf bäumt sich vor mir auf,
er ragt aus einer andren Welt heraus.
Aus dem Summen wird ein sanftes Lied,
oh nein, ich will nicht,
das mich was nach Hause zieht.
Ich rausche durch den weißen Schleier,
noch nie, fühlte ich mich freier.
In die Weiten blicke ich hinaus,
wieder steh ich auf dem Felsen
und schrei, den Schrei des Adlers aus.

Eine andere Welt !

Der Strand ist weiter als man sehen kann,
ein Windhauch streift mich dann und wann.
Das Firmament strahlt gelb wie Sonnenlicht,
sogar die Sterne blitzen
durch die Himmelsschicht.
Meine Füße tragen mich
durch schneeweißen Sand,
das Meer scheint Silber,
wie eine Woge aus Seidenband.
Die Emotionen sprudeln über vor Glück,
ich möchte nie wieder nach Hause zurück.
Tief Orange verfärbt sich der Himmel am Abend,
Glühwürmchen lassen sich tanzend vom
warmen Wind tragen.
Aus weiter Ferne schlagen Trommeln
den Takt meines Herzens,
es tut nicht weh, und doch spüre ich
vor Liebe, Schmerzen.
Ich dreh mich im Sternenfeuer der Nacht,
etwas wundervolles wurde in mir entfacht.
Es soll ja Menschen geben, denen es an solchen
Orten nicht gefällt,
doch ich schöpfe immer wieder Kraft,
in der schamanischen Welt.

Verschollene Sinne !

Ich fand einen Stein,
in dem, schien das pure Leben zu sein.
Erst wollte ich verweilen,
doch, das Gefühl drängte mich, mich zu beeilen.
Da, vernahm ich einen seltsamen Klang,
es war, wie ein längst vergessener Gesang.
Von wo, kam die Melodie bloß her,
ich suchte und mein Blick viel aufs Meer.
Ich fühl mich allein gelassen,
doch, zu schwach um irgendwas zu hassen.
Aus dem Klang wurde eine Melodie,
woher kannte ich sie?
Alte Erinnerungen wurden wach,
in diesem Moment, hörte ich einen lauten Krach.
Ein Blitz schoss aus dem Himmel,
was für ein Getümmel.
Tausende von schwarzen Vögeln
entstanden durch ihn,
und ich weiß, in welche Richtung sie ziehen.
Hilflos sehe ich ihnen hinterher,
sie verschwanden einfach hinter dem Meer,
um sich zu holen, wozu der Mensch sagt,
er kennt es nicht mehr.

Eine Seele geht Ihren Weg !

Der Kummer und die qualvollen Schmerzen,
lasten so sehr auf euren Herzen.
Es scheint alles so dunkel und leer,
man hat das Gefühl, man kann nicht mehr.
Doch aufgeben dürft ihr nicht,
denn, ihr seid der Schatten in dem hellem Licht.
Die Seele die dem Licht entgegen geht,
muss wissen, dass auf der Erde noch jemand
hinter ihr steht,
dass sie gebraucht wird hier unten,
dann heilen auch ihre Wunden.
Es hört sich immer alles sehr einfach an,
doch auf euch kommt es nun an.
Liebt ihr den Menschen,
der vielleicht von euch geht,
wirklich so sehr?
Dann braucht er eure Liebe,
heute noch viel mehr.
Gebt der Seele nur gute Gedanken,
und fangt nicht noch an,
euch aus Verzweiflung zu zanken.
Egal wie schlimm es auch scheint,
wichtig ist nur, dass ihr es mit dem Herzen
auch ehrlich meint.

....

....

Es existiert ein hellscheinendes Wesen,
vielleicht ist es auch ein Engel gewesen.
Der fragt die Seele nach gewisser Zeit,
bist du nun zum sterben bereit?
Die Seele blickt nun auf die Erde zurück,
und kann selbst entscheiden zum Glück.
Ist nun noch jemand da,
der betet und mit liebe wartet, in der Gefahr.
Dann wird der Seele gewahr,
da ist noch jemand für sie da.
Nun liegt es an ihr,
für welchen Weg sie sich entscheidet,
ob sie die Erde wählt oder sie meidet.

Was muss noch Geschehen ?

Leichter Wind wehte mir durchs lange Haar,
eigentlich saß ich einfach nur so da.
Ich beobachtete den Wellengang,
und dachte nach, über des Menschen Zank.
So viel Leid und Qual,
inzwischen ist es des Menschen Merkmal.
Kindesmisshandlung, Raub und Tötungsdelikt,
es ist, als wenn der Mensch
nicht genug davon kriegt.
Große Trauer überkommt mich da,
mir war so, als wenn mal irgend wo
Liebe vorhanden war.
Ist denn nichts mehr davon übrig,
heut zu Tage geht alles so zügig.
Keiner hat fürs denken Zeit,
geschweige denn für Zärtlichkeit.
Ich beobachtete das Meer und den Wind,
kann mir jemand sagen,
wo all die Menschen, die Liebe ausstrahlen sind?
Die Wolken hatten sich verdichtet,
so, als hätte Gott nun endgültig
über diese Welt gerichtet.
Sehr besorgt war ich,
aber meinen Platz verließ ich nicht.
Ich wusste, dass nun bald etwas geschieht,
und das, den Anfang keiner sieht.

....

....

Als ich mich da so alleine sitzen sah,
war mir die Zeit, in der ich war
nicht ganz so klar.
Ein wenig älter war ich wohl,
die Zeit, hat dort jedoch kein Monopol.
Vieles ist nun trist geworden,
doch, den meisten bleibt es stets verborgen.
Wovon ich nun zu reden wage,
das ist das Schicksal der Menschen,
das ich in meinem Herzen trage.
Doch, wer glaubt einem schon,
sicher ist der Mensch erhält schon seinen Lohn !

Painted by Silvia Koch

Das Wort zum Schluss

Wie ich schon in einem, meiner Gedichte
geschrieben habe, hat alles einen Sinn.
Sogar das ihnen dieses Buch in die Hände
gefallen ist.
Es hat immer alles einen Grund und es wird
sich immer etwas für sie daraus ergeben.
Ich möchte ihnen noch einen Rat mit auf ihren
Weg durchs Leben geben. Es handelt sich
eigentlich nur um das Wort. „Absicht". Dieses
Wort hat große Wirkung, wenn man es richtig
verstanden hat. Es ist völlig egal was sie denken
oder glauben, wenn sie etwas vorhaben, sollten
sie sich in erster Linie immer ganz sicher sein,
warum sie genau das tun wollen, was sie sich
gerade vorgenommen haben und das, das was
passiert in voller Absicht passiert. Auch wenn
etwas schief gehen sollte, bleiben sie bei ihrer
Absicht und sagen sie sich:

„Es ist in Ordnung, denn es geschah durch
meinen Willen
mit der Absicht etwas zu bewirken".

Sie werden sehen das etwas positives bei ihnen
passiert, probieren sie es einfach aus.
Und denken sie immer daran, niemand kann sie
zwingen, was sie fühlen sollen.
Wenn sie auch von anderen gehindert werden
etwas zu tun, so kann sie doch keiner daran
hindern zu Denken oder zu Fühlen.

Halten sie daran fest und vertrauen sie auf die Kraft die in ihnen verborgen liegt.

Da wir gerade bei diesem Thema sind, möchte ich erwähnen das ich mein Wissen auch aus der Nicht-Alltäglichen-Wirklichkeit von meinen Krafttieren, Lehrern und meiner Seelenfamilie erhalte. Ich bin sehr glücklich den schamanischen Weg eingeschlagen zu haben. Ich bin sehr Dankbar für die Einsichten die ich erhalte und natürlich auch für die Schubser in die richtige Richtung. Mehr zu diesen Themen aber, werde ich in meinen nächsten Büchern schreiben.

Alles Liebe, ihre Silvia Koch

Painted by Silvia Koch

Ein dickes Dankeschön

Tja, da wir nun am Ende dieses Buches angelangt sind, möchte ich mich natürlich noch bei einigen sehr lieben Menschen bedanken. Da ich mir am Anfang nicht sicher war, ob die Gedichte an die Öffentlichkeit sollten oder nicht.

Als erstes bei meiner Tochter Carol-An, sie hat mir immer wieder ans Herz gelegt welche Gedichte sie am liebsten hat und das die Gedichte doch gar nicht so schwer zu verstehen sind, wie es oft im ersten Moment aussieht.

Als zweites bei meinen beiden Söhnen Darryl-Jay und Ryan-Duke, die beiden haben großes Verständnis für meine Schreibereien. Sie sind mir nie böse wenn, ich den einen oder anderen Text erst zu Ende schreiben möchte und sie noch einen Moment länger Blödsinn machen können.

Zum dritten danke ich meinem Ehemann Rolf Koch, er steht immer hinter mir, mit seiner Liebe und seinem Vertrauen. So hat er mir bei der Entstehung dieses Buches nicht nur über die Schultern geschaut, sondern sich auch sehr oft die Haare wegen mir raufen müssen, da ich andauernd irgendwelche neuen Ideen mit ins Buch integriert haben wollte. Was er dann immer umsetzen musste. Danke für deine Ruhe und unendliche Geduld.

Rolf hat mein ganzes Leben in eine Wundertüte voller Überraschungen verwandelt. Durch ihn hab ich wieder angefangen Gedichte zu schreiben. Einen besseren Mann kann man sich nicht wünschen.

Als nächstes möchte ich meiner Mutter Inge Brüggemann danken für ihre Mühe und für das Verständnis was sie mir entgegen bringt. Dazu kommen die Gespräche mit ihr, immer wenn ich etwas neues verstanden hatte, musste sie mir ihr Ohr leihen, egal wie lange ich auch redete.

So möchte ich noch meiner Tante und meinem Onkel Helga u. Addy Kampfhenkel danken, bei denen ich stets die Tür einrennen konnte wenn, ich Probleme hatte oder nochmals Korrektur gelesen werden musste.

Ja, dann fehlt noch meine Oma, Käthe Marsen, sie hat schon jetzt weit mehr als 1000 Bücher gelesen, wer also sollte mir besser sagen können, wie sich die Gedichte lesen, als sie. Bei ihr hatte ich stets einen Ruhepunkt um wieder fit für den nächste Schritt zu werden.

Zu guter Letzt möchte ich noch einen sehr guten Freund erwähnen, Andre Blüthmann, er schafft es immer wieder ein Grinsen im Gesicht zu wahren und immer positiv zu Denken, wenn ich wegen der Veröffentlichung am zweifeln war.

Euch allen möchte ich nun von ganzen Herzen danken, ihr habt mich nie im Stich gelassen, habt immer zu mir gehalten und mich gestützt, egal was für Krisen oder was für verrückte Einfälle ich auch hatte. Ihr seid wie Stützen die ganze Paläste halten könnten.
Durch euch habe ich den ersten Schritt gewagt.
Rundum sind wir ein super Team, ich habe mir all eure Worte zu Herzen genommen und deswegen werde ich weiter schreiben.
Vielen herzlichen Dank, euch allen und ein glückliches Leben.

In Liebe Eure Silvia

Buchempfehlung

Lyrische Glanzlichter
Band 4
Yvonne Straub (Hrsg.)

Gedichte zum
Nachdenken und Mitfühlen